참선교재 I

보충 좌선의

보충 좌선의

보충坐禪儀

이 책을 읽는 분들에게

먼저 드릴 말씀이 있다.

"부처는 없으니 부처란 거짓 이름에 속지 마시기를 바랍니다.

깨달음은, 깨달을 필요가 없다는 것을 깨닫는 공부이기 때문에, 깨달을 바가 있는 공부를 하는 것은 큰 잘못입니다.

하물며 깨달음이 없는데 무슨 깨달음의 방법이 있겠습니까?

만일 있다고 한다면 이런 말에 속지 마시기를 바랍니다."

이 책은 좌선의 방법 중 가장 고전이라는 《백장청규》에 들어 있는 송대의 《좌선의坐禪儀》이다.

《좌선의》의 실제 가르침은 앞서 밝힌 것처럼 다시 속지 말라는 말씀이며 다른 가르침이 아니다.

초심자가 얻을 것이 없다는 말을 들으면, 좋은 것을 얻으려고 왔는데 무슨 이야기냐고 대뜸 물을 것이니 이에 대답한다.

"황금 덩어리 같은 보배가 없고 무소득이야말로 소득입니다. 좌선은 얻을 것이 없는 공부라는 점을 분명히 하고 시작해야 합니다."

유위법有爲法에 집착執着한 마음은, 자랑하고 싶은 마음, 내가 지금 차원이 다르다고 하는 마음이다.

무위법無爲法에서는 어떤 지위에 올라가도 얻은 바 없다. 깨달은 사람은 공부 정도를 물으면 시작과 끝이 하나인 원처럼 이렇게 대답해야 한다.

"처음과 똑같습니다."

자동차처럼 유턴(U-turn)을 해서 일심一心으로 돌아갔기 때문이다. 염불, 참선, 부처님을 생각하는 것이 일심이면 분별심分別心이 사라진다.

千劫歲月　大長今　　生死輪回　一呼吸
천 겁 세 월　대 장 금　　생 사 윤 회　일 호 흡

천만겁의 세월은 긴 오늘이고
생사 윤회 한 호흡 사이에 있네.

불기 2552년 봄날
가지산 보림사에서　글쓴이

| 차 례 |

보충 坐禪儀

이 책을 읽는 분들에게 6

좌선의 坐禪儀 전편

제1장 • 해제 12
제2장 • 큰 서원 16
제3장 • 만사를 쉬고 18
제4장 • 결가부좌 22
제5장 • 꼿꼿한 허리 34
제6장 • 너무 꼿꼿한 허리의 잘못 40
제7장 • 혀와 눈 42

좌선의坐禪儀 보충 전편

- 보충 제1장 • 선 입문禪入門 48
- 보충 제2장 • 화두선話頭禪 51
- 보충 제3장 • 이 뭘까? 52
- 보충 제4장 • 서산 스님의 가르침 53
- 보충 제5장 • 대혜 스님의 십대 화두 병 59
- 보충 제6장 • 은행나무 바리때 61

좌선의坐禪儀 후편

- 제8장 • 호흡 66
- 제9장 • 좌선의 비결 70
- 제10장 • 원심력과 구심력 72
- 제11장 • 마장 76
- 제12장 • 선정의 힘 78

제13장 • 경전	80
제14장 • 생사 해탈	82
제15장 • 마치는 말	84

좌선의坐禪儀 보충 후편

보충 제1장 • 선방 입중 5법入衆五法	88
보충 제2장 • 우바리 존자 게송	89
보충 제3장 • 아란야 수행 5과	90
보충 제4장 • 순치 황제 출가시	92

좌선의 坐禪儀

장로 자각 종색 선사의 좌선법

제1장 해제

　　근래 우리 주위를 살펴보면, 좌선 수행이 산중 스님뿐만 아니라 재가불자와 무종교인, 심지어는 다른 종교인에게까지 폭넓게 보급되고 있는 편이나 고전적인 좌선 입문서를 찾아보기란 그리 쉽지 않다.

　　다행히 우리나라에서는 송광사 수련원장이셨던 법정 스님이 수련 교재에 장로 자각 종색 스님의 《좌선의坐禪儀》를 번역하여 실은 것이 효시가 되어 일반 수련생에게 널리 알려졌는데, 이때가 서기 1980년대이다. 《좌선의》가 나온 지 870여 년 만의 일이다.

좌선할 때의 반개반폐半開半閉한 모습.
감지도 않고 다 뜨지도 않는 것이 이상적이다. 눈의 모습은 본문 제7장에 나와 있다.

半開半閉

제2장 큰 서원

學般若菩薩, 先當起大悲心, 發弘誓願.
학반야보살　　선당기대비심　　　발홍서원

精修三昧, 誓度衆生, 不爲一身, 獨求解脫.
정수삼매　　서도중생　　불위일신　　독구해탈

먼저 반야의 지혜智慧를 공부하려는 보살은 반드시 대자대비大慈大悲의 마음을 일으켜 큰 서원을 내야 하느니라.

선정 삼매三昧를 정밀精密롭게 닦아서 맹세코 모든 중생을 제도해야 할 것이며, 결코 자기 혼자만의 해탈解脫을 구해서는 안 되느니라.

종색宗賾 스님이 《좌선의》를 처음 쓴 해는 1102년에서 1105년 사이이다. 일본에서는 이후 100여 년이 지나 1233년에 도우겐道元 스님의 《보권 좌선의普勤坐禪儀》가 나온 것을 보면 일본 사람의 컨셉이 엿보인다.

《좌선의》는 당시 중국 선원에서 널리 알려진 내용일 것이다.

도우겐 스님은 백장의 《선원청규禪院淸規》에 실린 《좌선의》를 근거로 이 책을 썼다고 밝히고 있다.

확실히 종색 스님의 《좌선의》와 다른 내용이 있다. 도우겐 스님은 무위법無爲法의 핵심으로 《보권 좌선의》 첫머리를 시작하며 외형적인 유위법에 빠지는 것을 피하였다.

아쉽게도 종색 스님의 《좌선의》에는 화두선話頭禪의 가르침이 빠져 있다. 이런 점은 종색 스님 이후 대략 900년 만에 내는 이 《보충 좌선의》에서 보완할 예정이다.

《좌선의》를 쓴 진주 장로 자각 종색眞州長蘆 慈覺宗賾 스님의 행장은 그다지 자세하지 않다. 낙산 손씨洛州孫氏의 아들이고 29세에 출가하였으나 어떤 수행을 하였는지는 알려져 있지 않다. 짐작컨대 화두선이 아니고 관법觀法 수행 후 깨달음을 얻은 것으로 안다.

장로 응천長蘆應天 스님의 법을 이었다.

인더스 강 유역 모헨조다로(B.C. 3000 ~ B.C. 1500)에서 출토된 King Priest.
반개반폐半開半閉한 눈의 모습에서 석가모니 부처님 이전에도 선 수행이 있었음을 확인할 수 있다.

King Priest

강설

먼저 반야 지혜를 이야기하는 자리에서 자비심이라는 거룩한 가르침이 있다는 데에 주목한다.

"자비심으로 늘 발원하는 일을 쉬지 않는다."

자비심이 없이 달리기 선수처럼 혼자서 앞서 가려는 사람은 결코 해탈의 도를 이루지 못한다는 뜻이다.

대중 선방에 지낸 한 스님의 일화가 있다. 앉았다 하면 잠이 오고 망상만 늘어 스스로 좋은 방법을 생각해 냈다. 궁즉통窮卽通이다.

주위 스님의 이름을 속으로 하나하나 부르면서 이렇게 발원하였다.

'남이 잘 되시오, 내 옆 사람이 먼저 잘 되시오.'

며칠을 이렇게 지내는 동안 잠과 망상에서 서서히 벗어날 수 있었다는 이야기이다.

제3장 만사를 쉬고

爾乃放捨諸緣, 休息萬事.
이 내 방 사 제 연　　휴 식 만 사

身心一如, 動靜無間.
신 심 일 여　　동 정 무 간

量其飮食, 不多不小, 調其睡眠, 不節不恣.
양 기 음 식　　부 다 불 소　　조 기 수 면　　부 절 부 자

　이제 모든 잡다한 반연攀緣을 다 놓아버리고 만사를 쉴지니라.
　몸과 마음이 한결같아 심신일여心身一如하고 걸어 다니거나 좌선하거나 동정動靜의 틈이 없도록 할지니라.
　음식을 먹을 때에는 양量을 헤아려 많지도 적지도 않게 하고 잠을 잘 때에는 조절하여 부족하지도 늘어지지도 않게 할지니라.

강설

몸과 마음이 같이 가는 사람과 따로 가는 사람이 있다.

몸과 마음이 강의실에 함께 있는 학생은 좋은 성적을 낼 수 있다. 이와 달리 몸은 강의실에 와 있으나 마음이 딴 데 가 있는 학생은 좋은 성적을 낼 수 없다.

공부의 원리는 의외로 간단하다.

좌선 직전까지 전화를 하고 남과 이야기를 나누다가 선방에 들어가 앉는 참선자는 화두를 잘 들 수 없다.

마음을 가다듬기 위해 좌선 전에 목욕재계한 참선자는 정성 하나만으로 뜻을 이룰 수 있을 것이다.

두어 가지 예를 든다.

절에 처음 와서 삭발을 하고 행자行者 생활을 할 때였다.

행자실에서 누워 잠을 자다가 꿈을 꾸면 아직 군인 모습이거나 속복을 입은 속인 모습으로 보일 때가 있었다.

몸은 절에 와 있으나 마음이 아직 따라 오지 못한 경우이다.

프랑스 절에서 지낼 때에도 비슷한 경우가 있었다.

한국 절에서 지내는 꿈을 꾸었다. 마음은 한국 절에 남아 있는 탓이다.

이렇게 몸과 마음이 따로 놀면 집중력을 기대하기 어렵다. 아주 중요한 가르침이기에 거듭 설명을 하였다.

제4장 결가부좌

欲坐禪時, 於閒靜處, 厚敷坐物.
욕좌선시   어한정처   후부좌물

寬繫衣帶, 令威儀, 齊整然後, 結跏趺坐.
관계의대   영위의   제정연후   결가부좌

先以右足, 安左䏶上, 左足, 安右䏶上.
선이우족   안좌비상   좌족   안우비상

或半跏趺, 亦可.
혹반가부   역가

但以左足, 壓右足而已.
단이좌족   압우족이이

　좌선坐禪을 할 때에는 한적한 데의 아란야에서 두께가 있는 방석을 깔지니라.

　허리띠는 느긋하게 매고 위의를 정돈한 이후에 결가부좌를 할지니라.

　가부좌는 먼저 오른발을 왼쪽 허벅지 위에 올려놓고 왼발을 다시 오른쪽 허벅지 위에 포개어 올려놓는 것이니라.

　혹은 반가부좌도 괜찮은데, 단지 왼발을 오른쪽 허벅지 위에 올려놓는 것이니라.

강설

　이때 중요한 점은, X자로 두 다리가 교차되어야 한다. 잘못해서 그냥 두 다리를 나란히 올려놓아서는 가부좌로 앉는 효과가 없다.

　반가부좌한 자세를 위에서 내려다보면 가운데가 들어가 삼각형으로 패여 있는 모양이다.

　가부좌를 틀고 앉았을 때에 피라미드형 삼각형으로 앉는 방법을 소개한다. 삼각형은 두 무릎과 배꼽 조금 아래 단전이 모인 삼

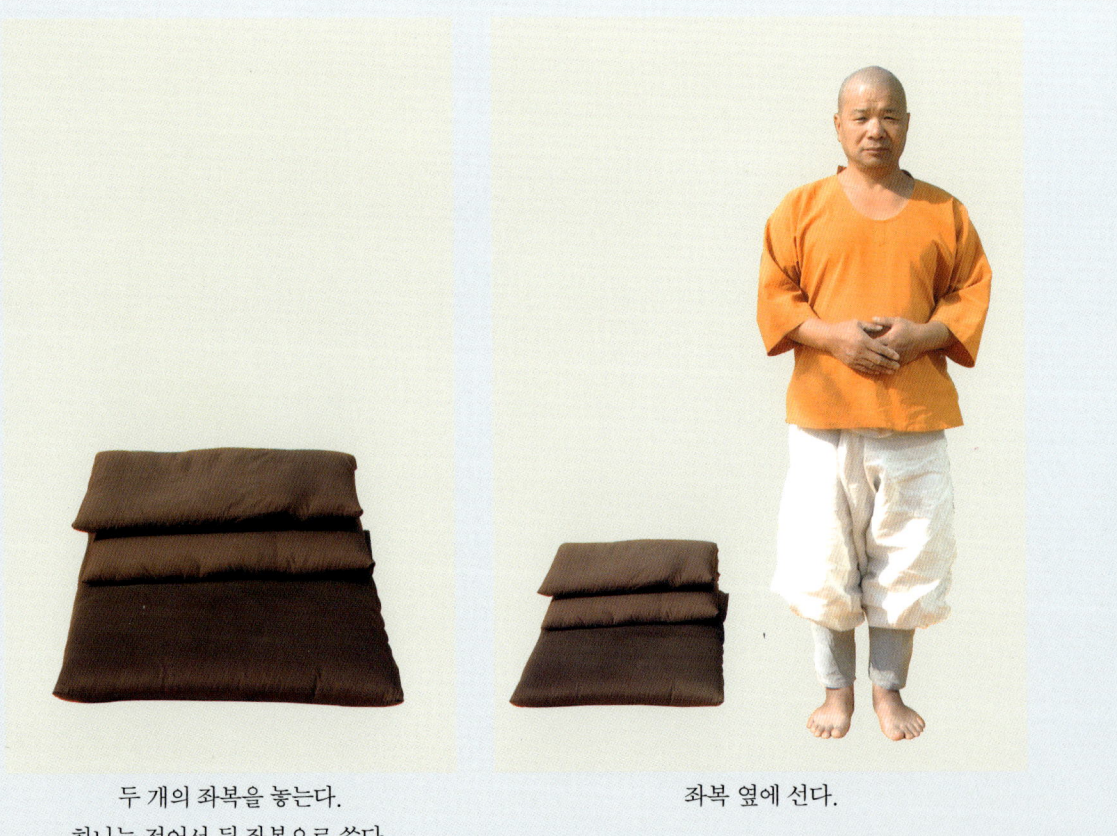

두 개의 좌복을 놓는다.
하나는 접어서 뒷 좌복으로 쓴다.

좌복 옆에 선다.

각점이다.

  두 무릎을 바닥에 붙이고 엉덩이 쪽은 높게 괴어 좌복(坐服, 방석)을 깐다. 엉덩이는 뒤로 빼내고 가슴은 앞으로 내민다.

  어느 발이나 순서가 없이 다 좋을 것 같으나 왜 꼭《좌선의》에서는 오른발이 먼저이고 왼발이 나중인지 의문이 생긴다. 이 문제에 대하여 나름대로 정리해 본다.

좌복 위에 올라선다.

앉아서 두 발을 쭉 뻗는다.

첫째, 인도의 이론

고대 인도 사회에서는 가부좌가 발 모양에 따라 왼쪽 가부좌와 오른쪽 가부좌가 있었다.

이 가운데 어느 가부좌를 취해도 무방하였다.

둘째, 중국의 이론

동양의 사상 근저에는 좌체우용左體右用의 기본이 깔려 있어서, 유교·도교·불교가 모두 이를 수용하고 있다. 그리하여 가부좌

먼저 오른발을 왼쪽 허벅지 위에 올려놓는다.

왼발을 다시 오른쪽 허벅지 위에 포개어 올려놓는다.

는 인도에서 어느 쪽이나 가능하였으나 좌체우용의 원리에 적용되어 오른발을 먼저 왼쪽 허벅지 위에 올려놓는 쪽으로 자리잡은 것이다.

　좌체우용左體右用의 이론에 따르면, 근본·무위법의 상징이 좌측이고, 작용·유위법의 상징이 오른쪽이라, 무위법이 유위법을 누르려는 것 때문이다.

가부좌를 한 자세가 잡힌다.

次以右手,　　安左足上,　　左掌,　　安右掌上,
차 이 우 수　　안 좌 족 상　　좌 장　　안 우 장 상

以兩手大拇指面　　相拄.
이 양 수 대 무 지 면　　상 주

다음에 오른손은 왼발 위에 올려놓고 왼손 등을 오른손 바닥 위에 포개어 올려놓으며, 두 손 엄지손가락은 서로 맞대어 세울지니라.

강설

선정인 禪定印

문제는 두 엄지손가락이 둥근 모양을 그리고 서로 닿을락말락 하는 정도로 맞대어 세우되, 두 엄지손가락 사이가 벌어지거나 서로 닿지 않게 할 것이다. 손가락만 힘이 꽉 차 있고 손목과 팔은 힘이 들어 있지 않아야 한다. 손목과 팔에 힘이 들어 있는 사람 중에는 팔과 어깨가 결려서 파스를 붙이는 사람이 많다.

손가락에 힘이 꽉 차게 하는 요령이 있다. 손가락에 번호를 매겨 놓고 힘을 줄 때에는 번호를 부르고 번호대로 힘을 준다.

손가락의 번호는 엄지는 1, 검지는 2, 장지는 3, 무명지는 4, 새끼손가락은 5로 한다.

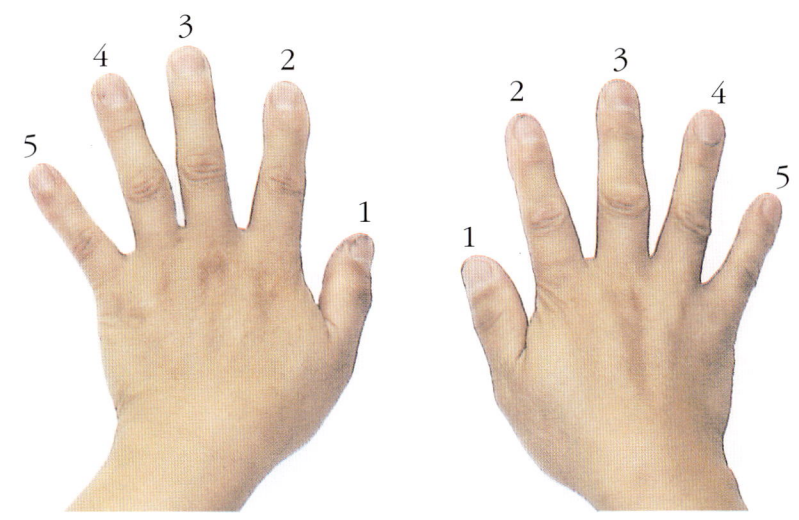

금강인金剛印

금강권金剛拳을 쥐고 그냥 쭉 펴서 무릎 위에 올려놓으면 된다. 금강권은 엄지를 네 손가락 안에 넣고 쥐는 방법이다.

조계종 교육원 교재에서는 좌선의 손 모양에서 선정인 외에 금강인을 보조로 쓰도록 하고 있다.

부처님의 법계정인法界定印 수인

　중생과 부처는 좌우가 바뀌어 서로 다른 결가부좌와 수인이다.
　이 문제는 단순히 좌우 순서만 바뀐 것 같으나 사실은 동양의 철학사상으로 좌체우용左體右用이란 깊은 뜻이 담겨 있다고 밝힌 바가 있다. 여기서는 좌선을 할 때의 결가부좌와 수인의 이름만을 설명하려고 한다. 이 세계를 구성하는 요소로 첫째를 주체主體라고 하고, 둘째를 객체客體라고 이름한다. 즉 주체인 사람과 이 주체의 주변을 구성

가부좌 혹은 반가부좌를 한 자세로 앉는다.

오른손은 왼발 위에 올려놓는다.

하는 객체가 있어 하나의 세계를 이룬다는 말이다.

무엇보다 먼저 주체 사람의 문제를 해결하는 것이 중생의 급선무이다. 그리하여 주체가 일체 마구니를 항복 받고 선정에 깊이 드는 까닭에 이름하여 항마좌降魔坐와 선정인禪定印이다.

그 다음으로 주체는 부처로서 길상의 입지를 마련하고 법계 전반에 걸쳐서 일체 중생이 선정에 들도록 하는 일이 중요하다. 그런 까닭에 이름이 길상좌吉祥坐이고 법계정인法界定印이다. 여기서 부처가

왼손 등은 오른손 바닥 위에 포개어 올려놓는다.

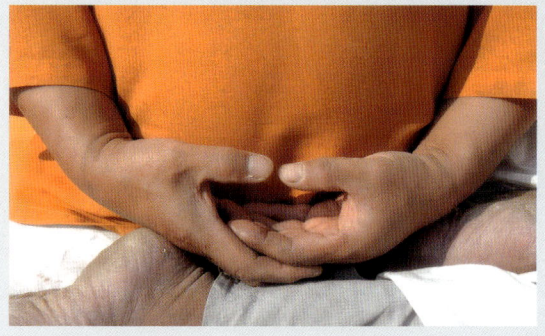

양 손 엄지손가락은 서로 맞대어 세운다.

좌선하고 중생이 좌선하는 입장이 서로 다르다는 점을 알 수 있다. 물론 오랜 좌선 중에는 왼쪽 발을 먼저 올린 왼 결가부좌를 한다거나 오른쪽 발을 먼저 올린 오른 결가부좌를 한다고 해도 무슨 상관인가. 사람과 경우에 따라서는 발을 바꿔서 왼 결가부좌와 오른 결가부좌를 번갈아 할 수 있어서 이것은 당사자가 판단할 문제이다.

이제 새로운 시작을 앞둔 여러분들이 여러분의 체형에 맞는 좌선의 방법을 찾기를 원한다. 당장 일천 부처님이 이 자리에 오신다고 해도 자신에게 맞는 좌선의 방법을 전해줄 수는 없으며 오로지 발원하며 묵묵히 도전하는 자에게만 길이 열릴 것이다.

지실장허 指實掌虛

전각을 할 때에는 지실장허 指實掌虛로 시작해서 지실장허로 마친다. 그만큼 중요한 까닭이다. 물론 서법書法 필세筆勢를 가르치는 자리에서 지실장허를 이야기한다.

지실장허가 좌선에도 응용된다.

지실장허란, 다섯 손가락의 마디마디에 힘이 꽉 차 있는 반면, 손바닥은 허공처럼 텅 비어 있다는 뜻이다.

진공묘유眞空妙有의 비유로 피리를 연상해도 좋다. 텅 빈 대통을 불어 아름다운 노래의 곡조가 흘러나온다. 가운데 속이 텅 비어 있어야 연주를 할 수 있는 이치.

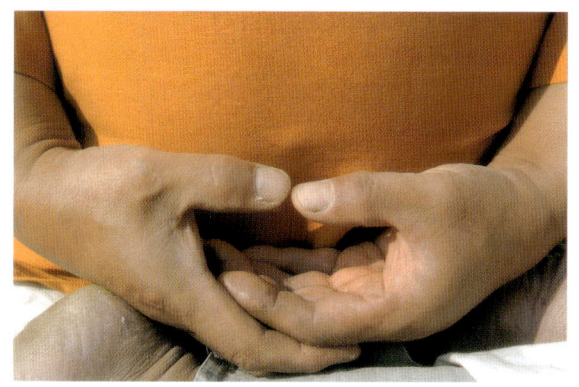

탁구, 야구, 골프, 권투 춤 등 어디에나 통한다. 어깨에 힘이 들어 있어서는 안 된다. 온몸에서 힘이 빠져야 한다. 글씨를 쓸 때에는 붓을 쥔 손가락에 힘이 꽉 차 있을 뿐, 손바닥부터는 힘을 빼야 한다. 유위법有爲法의 속기俗氣를 떨쳐 없애고 무위법無爲法의 탈속한 경지, 우아한 고품격 풍류를 유지하기 위해서는 지실장허가 필요하다. 단 1분이라도 좋으니 지실장허의 수인을 가지고 앉아야 한다. 제대로 지실장허의 상태에서 앉아 보면 확실히 무엇인가 달라짐을 느낄 것이다.

전각은 이런 이론으로 시작한다. 마음을 바탕으로 삼는다. 부처님의 가르침을 배우는 일과 조금도 다름이 없다. 전자篆字와 칼을 쓰는 법은 다음 문제이다. 지실장허를 먼저 익히고 나면 그때부터는 문제의 차원이 달라진다. 이와 같이 좌선 아닌 전각을 하면서도 지실장허를 통해 탐진치 삼독三毒을 떠나 계정혜 삼학三學의 문을 활짝 여는 길을 갈 수 있는 것이다.

제5장 꼿꼿한 허리

徐徐擧身前向,　復左右搖振,　乃正身端坐,
서서거신전향　　부좌우요진　　내정신단좌

不得左傾右側,　前躬後仰,　令腰脊頭項骨節,
부득좌경우측　　전궁후앙　　영요추두항골절

相拄　狀如浮屠.
상주　상여부도

서서히 몸을 일으키고 앞뒤와 좌우로 조용히 움직여 몸을 바로 하고 단정히 앉을지니라.

왼쪽으로 기울어지거나 오른쪽으로 기울어지거나, 혹은 앞으로 숙여지거나 뒤로 기울어지지 않도록 할지니라.

허리와 등뼈와 머리의 뼈마디가 바르게 서게 하는데 모습이 마치 부도탑과 같이 할지니라.

강설

허리를 곧게 세우는 요령이 있다. 몸 전체를 앞으로 깊게 숙였다가 천천히 들어 올리되, 바로 한 동작으로 들어 올리지 않고 70도, 80도, 90도로 세 번 끊어 올린다.

좌선자의 모습은 마치 탑과 같이 안정감이 있고 태산과 같이 진중하게 앉는다.

다음은 앉는 요령이다.

첫째, 견갑골을 뒤로 맞붙이기

어깨 뒤쪽의 양쪽 견갑골을 서로 몇 차례 맞붙인다. 의외로 피로가 잘 가신다.

둘째, 멀리 시선을 보내기

좌선을 하기 전에 시선은 높게 잡고 멀리 내다보는 자세를 취한다.

앞으로 깊숙이 숙인다.

조금 들어 올린 상태에서 멈춘다.

조금 더 들어 올린 상태에서 멈춘다.

그 다음에 열린 턱을 안으로 당긴다. 시선은 콧잔등이 보일락 말락 하는 정도이다. 시선이 밖으로 나가지는 않지만 만일 시선이 떨어지는 지점으로 말한다면, 약 1.5m 정도의 거리이다. 그러나 오해를 해서 콩알이나 동전을 그 지점에 놓고 바라보는 것은 잘못이다.

다시 조금 더 들어 올린 상태에서 멈춘다.

바로 세워 곧게 앉는다.

제6장 너무 꿋꿋한 허리의 잘못

又不得聳身太過, 令人氣急不安.
우부득용신태과　영인기급불안

要令耳與肩對, 鼻與臍對.
요령이여견대　비여제대

또한 몸을 너무 꿋꿋하게 세우려다가 기를 급하게 서둘러서 불안하게 하지 말지니라.

중요한 것은, 귀와 어깨가 수직 상태가 되게 하고 코와 배꼽도 수직 상태가 되게 할지니라.

강설

　큰 의욕으로 마음만 앞서고 공부가 따라가지 못한 때이다. 급하면 머릿속이 하얗게 변하여 아무것도 생각나지 않는 일을 경험해 본 사람은 알 것이다. 이 정도가 심하면 상기병이 와 머리가 지근지근 아프다. 상기병에는 아직 백약이 무용이다. 감기처럼 보름쯤 지나면 나아진다.

　상기병上氣病은 상허하실上虛下實, 수상화하水上火下의 조화가 깨진 데서 생긴다. 허리를 중심으로 상체가 차갑고 하체는 뜨겁다면 건강한 사람이고, 이와 반대로 상체가 뜨겁고 하체는 차갑다면 환자이다.

　다른 말로 하자면, 물기운은 위로 올리고 불기운은 아래로 내린다고 한다.

　머리가 차고 하체가 따뜻해야 장수한다는 속담과 같다.

제7장 혀와 눈

舌拄上齶　脣齒相着.
설주상악　순치상착

目須微開　免致昏睡.
목수미개　면치혼수

若得禪定　其力　最勝.
약득선정　기력　최승

古有習定高僧　坐常開目.
고유습정고승　좌상개목

向 法雲圓通禪師　亦訶人閉目坐禪　以爲黑山鬼窟.
향 법운원통선사　역가인폐목좌선　이위흑산귀굴

盖有深旨　達者　知焉.
개유심지　달자　지언

혀는 입천장에 바짝 붙이고 입술과 치아는 지그시 다물지니라.

눈은 반드시 조금 떠서 졸음이 오지 않도록 할지니라.

만약 선정을 얻으면 그 힘이 아주 좋을 것이니라.

옛날 선정을 닦는 고승高僧들은 항상 눈을 뜨고 좌선하였느니라.

저 법운 원통法雲圓通 선사 역시 눈을 감고 좌선하는 사람을 꾸짖어 말하였느니라.

"흑산의 귀신굴이니라."

여기 깊은 뜻이 있는 줄을 구참자들은 잘 알 것이니라.

강설

눈의 반개반폐半開半閉는 윗 눈꺼풀만 내려뜨린 모양이다.

문을 닫을 때에 문 한 짝을 닫은 이치. 그렇다고 실눈을 가늘게 뜨지 않는다. 그렇게 하면 피곤이 빨리 온다.

내면을 관찰하는 유턴(U-turn) 공부에서 시선을 밖으로 쏟아지게 하지 않는 것이다.

경전에서 말한다.

閉目入禪定　　是謂鬼魅心
폐 목 입 선 정　　시 위 귀 매 심

눈을 감고 선정에 들면
이것은 바로 귀신에게 홀리는 마음이니라.

흑산黑山은 대철위산大鐵圍山과 소철위산小鐵圍山 중간에 일월광명이 전혀 비치지 않는 깜깜한 곳이며 귀신 무리가 다 모인 곳이다.

그리하여 눈을 감고 좌선을 하면 가는 데가 흑산귀굴黑山鬼窟이라고 한다.

혀를 입천장에 바짝 붙이라는 말은, 혀를 위로 구부려서 목구멍 뒤쪽으로 힘있게 뻗으라는 뜻이다. 참선자는 밥을 먹을 때와 말을 할 때 외에는 혀 모양을 이와 같이 입천장에 바짝 붙인다.

장점은 다음과 같다.

첫째, 소화가 잘 된다. 침이 많이 고이기 때문이다.

둘째, 묵언이 잘 된다. 혀를 펴기가 쉽지 않기 때문이다.

셋째, 기가 팔팔하게 뛴다. 노약자일수록 건강의 상징인 혀가 살아있기 때문이다.

묵언표默言標

수행자의 묵언표는 본인이 스스로 판단하여 제 정도에 따라 급수를 결정하고 묵언 명찰에 묵언 1급, 묵언 2급, 묵언 3급을 표시한다.

첫째, 1급 묵언 수행자

처음부터 끝까지 철저하게 말이 없는 사람. 이 사람의 입은 굳게 닫힌 성문과 같다.

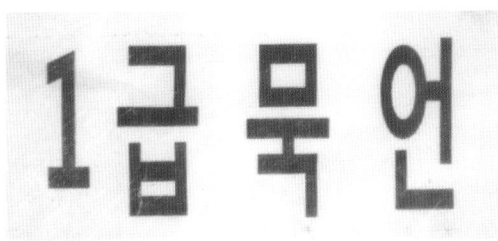

둘째, 2급 묵언 수행자

공양게와 석가모니불 정근 등 예불문을 하고 법사에게 질문도 할 수 있는 사람이다.

만일 묵언 중에 절을 할 때에는 대중과 함께 선창 후창의 방법으로 1,080배를 진행하는데, 음악시간에 해본 돌림노래를 연상하면 될 것이다.

대중의 반은 석가모니불 선창을 하며 절을 하고 이어서 대중의 나머지 반은 석가모니불 후창을 하며 절을 한다.

이 방법은 절을 하는 속도가 시종 일정하고 대중 모두와 화음을 이뤄서 일체감을 느낄 수 있다는 장점이 있다.

셋째, 3급 묵언 수행자

필담筆談을 하는 사람인데 하고 싶은 말을 글로 써서 표현한다. 사실 묵언이라고 보기에는 좀 멋쩍은 노릇이나 초보자에게는 이득이 없지 않다.

3급묵언

좌坐
선禪
의儀

보충 전편

장로 자각 종색 스님의 《좌선의》에 없는 화두선 내용을 보충

보충 제1장 선 입문 禪入門

1

선지식이 묻는다.

"침묵이란 무엇인가?"

학생 갑이 대답한다.

"입을 열어서 말하지 않는 것입니다."

선지식이 말한다.

"왜 침묵을 깨는가?

 너는 불경을 강의하는 강사 자격밖에 없구나!"

학생 을이 대답 대신 그대로 침묵의 한 장면을 보여준다.

"……."

"너야말로 선문 禪門에 들어올 자격이 있구나!"

2

선지식이 대중 앞에서 질문을 던진다.

"창 너머로 바깥 풍경이 보인다. 자, 문제를 잘 생각해 보라.

우리 눈앞에서 바깥 풍경이 사라지게 하라.

어떤 방법이 있겠는가?"

한 학생이 옆으로 돌아앉으면서 응답하였다.

그 다음 학생은 두 눈을 감았다.

세번째 학생은 돌아앉지도 않고 두 눈을 감지도 않고 바로 선정 삼매에 들었다.

스승이 칭찬하며 말하였다.

"그렇다. 바로 이것이야!"

3

영축산 극락암에 계신 경봉 스님은 화두 공부를 하러 온 참선 학자에게 이런 질문을 던진다.

"여기 길이 없는데 어떻게 왔습니까?"

갑이 대답한다. "길이 있어서 왔습니다."

을이 대답한다. "마음 따라 왔습니다."

병이 대답한다. "노스님께서는 길이 없는데 어떻게 와 계십니까?"

개와 사자의 비유가 있다.

한 사람이 개를 향해 돌멩이를 던졌을 때이다.

이때 개는 돌멩이를 바삐 쫓아간다.

다시 한 사람이 사자를 향해 돌멩이를 던졌을 때이다.

이때 사자는 돌멩이를 던진 사람을 한입에 물어간다.

갑과 을은 개가 돌멩이를 쫓아가는 격이고, 병은 사자가 사람을 물어가는 격이다.

가장 중요한 힌트는 달마 스님의 소림가풍은 사자문중인 까닭에 화두의 말끝에 떨어지지 않는다는 점이다.

보충 제2장 화두선 話頭禪

그럼, 화두란 무엇인가.

화두話頭의 정의는 글자 풀이로, 말씀 화 자, 머리 두 자, 말씀의 머리라고 허운虛雲 스님은 풀이하였다. 말머리에 멈춰야지 말꼬리에 매달리지 않는다는 뜻이다.

공안公案이라고도 하는데 공문서를 말한다.

먼저 이웃집 사람이 한 사람의 거주 증명으로 긴 문장을 작성한 여러 편의 글이 있다고 하자.

다음으로, 거주지 동장의 직인을 찍은 거주 증명서가 한 장 있다고 하자. 어느 쪽이 법적 효과가 큰가.

화두는 이와 같은 공안이기에 간단명료하여도 효과가 큰 것이다.

보충 제3장 이 뭘까?

다음은 화두의 대표적인 이 뭣꼬 혹은 이 뭘까를 드는 방법이다.

이·뭘·까?

새로운 마음으로 출발하는 시간이다.

먼저 참선을 시작하는 사람은 화두가 필요하다. 예를 들면 시심마是甚麼 혹은 시삼마是甚麼 화두인데 우리말은 '이 뭣꼬?' 혹은 '이 뭘까?'이다.

'이 몸을 끌고 다니는 이것은 무엇인가?'

나의 주인공을 찾는 공부이다. 나의 근본, 본래면목本來面目이 무엇인지 찾아들어 가는 공부이다.

이 뭘까? 이 말을 더 자세히 풀이한다.

'이'는 이것의 이이다.

'뭘'은 무엇의 준말이다.

'까?'는 일까이다.

이렇게 해서 이 뭘까? 화두가 성립한다.

보충 제4장 서산 스님의 가르침

《선가귀감》 제1장 구절에서 살펴본다.

有一物於此 從本以來 昭昭靈靈
유 일 물 어 차　종 본 이 래　소 소 영 영

不曾生 不曾滅 名不得 狀不得
부 증 생　부 증 멸　명 부 득　상 부 득

여기 이것 하나가 있느니라.
본래부터 소소영영하였으되,
일찍 생겨나지도 않았고 일찍 없어지지도 않았으며,
이름을 지을 수 없고 모양을 그릴 수도 없느니라.

이것 하나는 어떤 것인고?

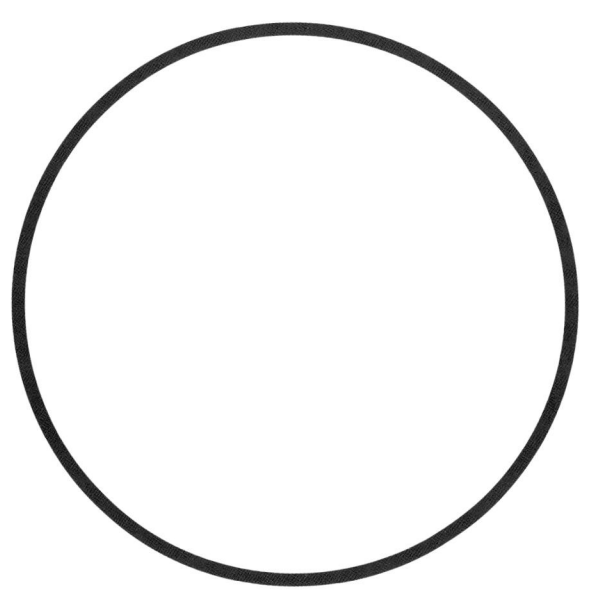

옛사람이 송하여 이르되,

古佛未生前　凝然一相圓
고불미생전　응연일상원

釋迦猶未會　迦葉豈能傳
석가유미회　가섭기능전

옛 부처님이 태어나시기 이전
뚜렷한 둥그러미 일원상
석가모니 부처님께서도 몰랐거니
가섭 존자인들 어찌 전하였으랴?

이것 하나는 소위 부증생 부증멸이며 명부득 상부득이라, 곧 생기지도 않았고 없어지지도 않았으며, 이름을 지을 수 없고 모양을 그릴 수도 없었느니라.
　육조 스님이 대중에게 말씀하셨다.

"내게 (一物) 이것 하나가 있으되, 이름이 없느니라. 대중은 그 새 알아차렸는고?"

신회 스님이 곧 나와서 말하였다.

"제불의 본원이며 신회의 불성입니다."

이로써 육조 스님의 (적자가 아닌) 서자가 된 것이니라.

회양 스님이 숭산에서 참배 왔을 때였다. 육조 스님이 물으셨다.

"어떤 것이 이렇게 왔는고?"

이때 회양 스님은 꽉 막혔다. 8년을 지나서야 비로소 (깨달음을 얻고) 찾아와서 말하였다.

"설사 (一物) 이것 하나라고 하여도 바로 맞지 않습니다."

이로써 육조 스님의 적자가 된 것이니라. 송하여 이르되,

三敎聖人　從此句出　誰是擧者　惜取眉毛
삼 교 성 인　종 차 구 출　수 시 거 자　석 취 미 모

(유불선) 삼교의 성인이 (一物) 이 구절에서 나오셨느니라.
(나서서) 거량을 할 사람은 누구인고? 애석하게도 눈썹을 　　　　　뽑는구나.

이 뭘까? 찾으려는 사람은 아주 단순하게 산다.

꾀를 부리면 산 범의 눈썹을 뽑으려는 어리석음이니 그만두어라, 이런 뜻이다.

머리 좋은 인재들이 애석하게 범의 눈썹을 뽑는다.

송담 스님 회상에서 있었던 웃지 못할 이야기 하나.

법문을 마치고 방에 들어섰을 때였다.

전라도 남쪽에서 올라온 웬 노인 한 분이 입을 열었다.

"이번 기회에 스님께 꼭 여쭐 말이 있어서 왔습니다."

사연은 이러하다. '이목耳目고'를 찾으라는 전강 스님 말씀에 7, 8년 세월이 지났다는 것이다.

이 뭣꼬? 화두를 이목고로 안 것이다. 노인은 다시 말하였다.

"무슨 공부가 이런 공부가 있어서 이목耳目을 찾는 공부입니까?"

눈과 귀가 다 달려 있는데 또 이목을 찾으라니 답답한 것이다.

여기서 송담 스님은 할 말을 잃으셨다는 일화이다.

참선을 시작하는 사람은 바른 선지식을 통해 화두를 탄다.

"이 몸을 끌고 다니는 이것은 무엇인가?"

자나깨나, 오나가나 나의 주인공을 찾는 공부이다.

화두 공부를 시작하면 나의 근본, 본래면목本來面目보다 우선한 공부가 없다.

"이·뭘·까?"

이 외 다른 화두 공부 방법을 소개한다.

첫째, 염불선

중국 선방에서는 '아미타불!' 한 다음에, '아미타불을 부른 자가 누구냐?' 하고 묻는다.

둘째, 이 뭣꼬? 되묻기

'이 뭣꼬?' 하고 나서, '이 뭣꼬? 하는 놈은 무엇인가?' 하고 되묻는다.

셋째, 이-----

이--- 하는 이놈은 무엇인가? 이때 '이--' 하는 말은 길게 내뽑는다.

보충 제5장 대혜 스님의 십대 화두 병

첫째, 의근하 복탁意根下卜度

제6식 의근으로 (情識으로, 분별식으로) 헤아린다.

소위 활구活句가 아닌 사구死句 화두를 든다는 말은 이 뜻이다.

그럼, 제6식을 떠나 어떻게 화두를 들어야 하는가. 다음 둘째 단계부터는 첫째의 의근하 복탁 주석에 해당하는 내용들이다.

둘째, 양미순목처 타근揚眉瞬目處 垜根

눈썹 날려 이마를 찡그리며 눈을 끔뻑거리는 곳을 표적 삼는다.

셋째, 어로상 작활계語路上 作活計

말 길 따라 살림살이를 짓는다.

예를 들면, '이 - 뭘까?' 혹은 '이 - 뭣꼬?' 하고 '이' 자에 힘을 준다거나 '이뭘 - 까?' 하고 '까' 자 의문사 끝을 높이 올리는 따위 등이다.

넷째, 문자중 인증文字中 引證

문자를 인용해 증거를 삼는다. 예를 들면, 이 말은 어디서 어떻게 쓰였다고 인증한다.

다섯째, 거기처 승당擧起處 承當

들어 일으키는 곳에서 맞출 기회를 노린다.

여섯째, 양재무사 갑리颺在無事 匣裡

모두 다 날려버리고 일 없이 편안한 갑옷 속에 들어가 앉는다.

일곱째, 작유무회作有無會

있음과 없음으로 알려고 한다.

여덟째, 작진무회作眞無會

정말 무無로 여겨서 없는 것으로 여긴다.

아홉째, 작도리회作道理會

도리가 그렇거니 하고 헤아린다.

열째, 장미대오將迷待悟

미혹한 것이 언젠가는 깨달음으로 될 것을 기대한다.

십대 화두 병이 없이 건강히 화두만을 드는데, 정신이 늘 깨어 있어, '이 뭘까?' 하고 분발해 의심할 뿐이다.

보충 제6장 은행나무 바리때

　십수 년 전, 해인사 극락전에서 노스님께서 들려준 우리 선대 스님들의 이야기이다.

　가야산 잣나무 숲에서 잣을 따는 울력에서부터 이야기는 시작된다. 가야산 잣나무 숲은 날마다 잣나무 심는 것을 공부로 삼았던 한 노장님의 원력으로 이뤄진 것이다. 당시 강원 학인 스님들은 잣 따는 울력을 많이 하였다.

　잣 풍년이 든 어느 해 가을이었다.

　이때 성목이란 학인이 잣나무 위에 올라가 잣을 따다가 실족하여 그만 나무 아래로 떨어지고 말았다. 떨어진 장소는 낙엽이 깊숙이 쌓인 곳이었다.

　그가 입적, 곧 죽음을 맞이하였을 때에 홀연 유체이탈 현상이 일어나면서 영화 〈사랑과 영혼〉의 주인공과 같은 현상이 벌어졌다.

　첫째, 고향집을 가서 생긴 일이다.

　중처편추重處偏墜, 업은 생각의 무게에 따라 기울려 떨어지는 법이다. 성목 학인의 마음속에 가장 깊이 자리한 것은 고향이었다.

학인이 고향 마을 집에 도착하였을 때에 마당에서 만난 사람은 누님이었다.

　　누님은 마당 한쪽에서 빨래를 널고 있었다. 학인은 반가운 마음에 등 뒤에서 누님의 어깨 위에 손을 얹었다. 그리고는 밥을 좀 달라고 하였다.

　　이때였다. 누님은 천방지축 날뛰면서 머리가 아파 죽겠다고 하소연을 하였다. 모친이 방 안에서 곧 뛰쳐나왔다.

　　어디서 보고 들은 바가 있었던지 모친이 얼른 바가지에 보리밥과 풋나물, 된장 물을 풀어 와서 마구 뿌리고 시퍼런 칼을 이리저리 내두르며 고함질렀다.

　　"이 객귀야, 물밥 먹고 썩 물러가라! 썩 물러가라!"

　　성목 학인은 혀를 차면서 말하였다.

　　"쯧쯧, 인정머리 없는 사람! 아무리 출가자라고 해도 이렇게 내쫓다니!"

　　움찔해진 그는 다시 해인사로 발길을 돌렸다.

　　둘째, 호색남녀가 노는 자리로 이끄는 일이다.

해인사로 오는 도중에 곳곳에서 유혹의 손길이 있었다.
화사하게 옷을 차려입은 남녀가 신나게 놀면서 함께 있자고 유혹하였다. 그러나 성목 학인은 이를 뿌리쳤다.

셋째, 미녀가 유혹하는 일이다.
다시 오는 길에 아리따운 여자가 붙잡고 매달렸으나 안간힘을 다해 뿌리쳤다. 의식이 아직 혼탁해지지 않은 성목 학인이 거절한 것이다. 이때 여자는 욕을 퍼부었다.

넷째, 은행나무 바리때 염불 소리이다.
은행나무 바리때는 은행나무로 만든 발우鉢盂다. 발우는 스님네의 밥그릇이다.
욕을 먹고 순식간에 해인사로 돌아왔을 때였다.
자기 천도재 위패 앞에 음식상이 차려져 있어 배불리 먹었다.
이때 요령을 든 법주의 염불 소리가 참 이상하였다.
"은행나무 바리때, 은행나무 바리때, 은행나무 바리때……."

나중에 몇 시간 지나 성목 학인이 다시 살아나 법주 스님에게 물었다.

"무슨 염불이 은행나무 바리때입니까?"

법주 스님이 말하였다.

"용하다. 은행나무 바리때를 생각하고 염불을 한 것을 어찌 아는가?"

법주 스님은 털어놓았다. 평소에 갖고 싶었던 은행나무 바리때가 성목 학인의 유품 중에 있어서, '이건 내 몫이겠구나!' 하는 생각과 함께 염불을 하였다고.

얼마나 무서운 일인가. 좋은 염불을 아무리 잘해도 생각이 은행나무 바리때에 가 있으면 은행나무 바리때로만 전해지는 것이다.

그 후 성목 학인이 고향집에서 해인사로 온 길을 다시 가보았더니 호색남녀는 와글와글 우는 연못가 개구리 떼였고, 또 유혹한 여자는 길가의 꽃뱀 한 마리였다. 색욕의 눈에는 개구리 떼가 호색남녀로 보이고 꽃뱀이 아리따운 여자로 보였던 것이다.

좌선의 坐禪儀 후편

장로 자각 종색 선사의 좌선법

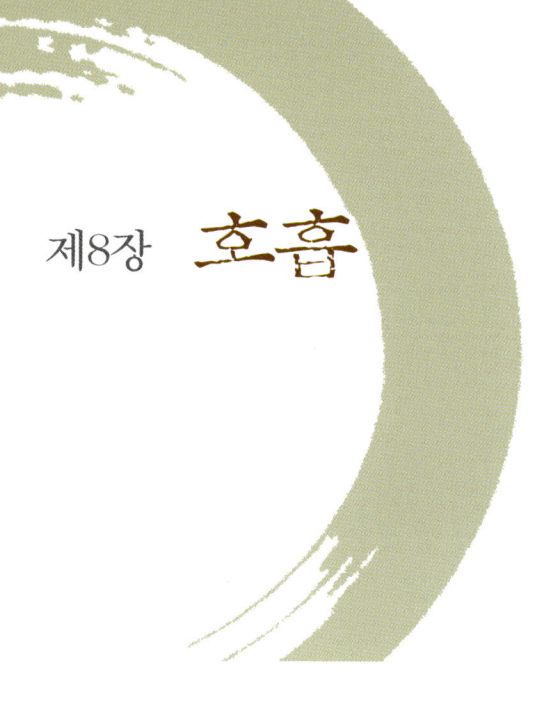

제8장 호흡

身相 旣定, 氣息 旣調然後, 寬放臍腹.
신상 기정　　기식 기조연후　　관방제복

一切善惡, 都莫思量.
일체선악　　도막사량

몸 자세가 이미 안정되고 기식氣息이 조절된 다음에는
배꼽 밑 배를 편안하게 풀지니라.
일체 착하고 악한 것에는 전혀 마음을 두지 말지니라.

강설

모든 생명을 가진 자에게는 호흡이 아주 중요하다. 생명이 곧 호흡이기 때문이다.
참선자의 호흡은 부처님 호흡, 태아 호흡과 같다.

부처님 호흡

보통 우리가 사람을 말할 때에는 심신心身, 곧 몸과 마음이라고 한다.

"몸과 마음이 안정되어 있다."

"지쳐 있는 몸과 마음을 위하여."

수행에서는 호흡이 강조된다.

지금 말하려는 중점은 부처님 호흡이다.

부처님 호흡이면 살고 부처님 호흡을 떠나면 죽는다.

부처님 호흡은 무엇인가.

배의 움직임에서 중생의 호흡과 반대이다. 중생 호흡이 들숨에서 배가 나오고 날숨에서 배가 들어간 것과는 달리, 부처님 호흡은 들숨에서 배가 들어가고 날숨에서 배가 나온다. 여기서 배는 윗배를 말한다.

죽을 때에 사람의 숨이 목까지 높이 차오른다.

또한 기가 차고 화가 치밀어 오를 때에 숨이 가슴 위까지 차오른다. 이만큼 쉬는 숨이 짧다.

즐겁게 웃으면 숨이 깊어져 아랫배까지 내려간다. 이것은 아름답게 살아있는 생명의 상징이다.

부처님의 호흡은 태식胎息으로, 모태 안에서 쉬는 태아의 호흡이다.

그럼, 어떻게 부처님 호흡으로 돌아갈까.

몇 가지 예를 들어 본다.

첫째, 웃음

많이 웃으면 자연 부처님 호흡으로 돌아간다. 어린아이가 하루 웃는 숫자가 있다. 대략 300번.

어린아이는 하루에 300번 웃지만, 어른들이 웃는 횟수는 15번 정도라고 한다.

어른이 되면서 왜 웃음을 잃어버렸을까?

부처님의 호흡을 별도로 하고 웃음에 관한 자료를 살펴본다.

우리가 웃을 때에 엔돌핀과 같은 몸에 좋은 호르몬이 나오고, 통증을 잊게 하는 화학물질이 분출된다.

억지로 웃는 웃음도 진짜 웃음과 같은 효과를 나타낸다. 단, 남을 비웃는 웃음만은 건강에 나쁘다. 한 세기 전에 살았던 미국 심리학의 효시이자 의사인 윌리엄 제임스는 말한다.

"우리는 행복하기 때문에 웃는 것이 아니고 웃기 때문에 행복하다."

둘째, 산행

약간 높은 산길을 걷는다.

셋째, 바늘귀 꿰기

정신 집중이다. 호흡을 반쯤 멈추면서 바늘귀를 꿰는 일과 같다.

넷째, 발가락 운동

우선 앉는 자세를 결가부좌 혹은 반가부좌 자세로 한다. 그 다음 엄지발가락을 기역자로 구부리면서 들숨을 쉬고, 기역자로 구부린 발가락을 펴면서 날숨을 쉰다. 하나, 둘 이렇게 열 차례쯤 하고 화두 공부를 시작한다.

다섯째, 괄약근 운동

괄약근은 항문을 말한다. 들숨에 긴장하여 괄약근을 조이고 날숨에 이완상태로 편다. 특히 졸음이 오거나 망상이 올 때에 퇴치 방법으로 괄약근 운동을 한다.

인류를 밝힌 불의 3대 발명

첫째, 원시시대 불의 발명이다.

원시인에게 있어서 어둠을 밝혀주고, 날것을 익혀주는 불은 일상생활의 혁명이었다.

둘째, 고대 석가모니 부처님의 마음 깨침의 발명이다.

반야 지혜의 광명은 어둠 속에서 불안해하는 중생들에게 마음의 혁명이다.

셋째, 근대 에디슨의 전기불의 발명이다.

전기불은 생활의 광명이 되어 일월과 같은 우주의 혁명이다.

제9장 좌선의 비결

念起卽覺, 覺之卽失.
염기즉각　각지즉실

久久忘緣, 自成一片, 此　坐禪之要術也.
구구망연　자성일편　차　좌선지요술야

생각이 일어나면 즉시 알아차릴지니
알아차리면 즉시 사라지느니라.
오래오래 (이렇게 망상 일어나는) 반연을 (끊어) 잊으면 저절로 타성일편하리니, 이것이 좌선의 비결이니라.

강설

번뇌를 물리치는 묘약이고 좌선의 비결이다.

망상 번뇌에서 벗어난다는 것은 곧 자기 자신을 극복한다는 말이다.

전쟁터에서 싸워

백만인을 이기기보다

자기 자신을 이기는 사람이

가장 뛰어난 승리자니라.

〈법구경의 말씀 103〉

자기 자신을 이기는 일은

남을 이기는 일보다 뛰어난 것

그러니 자신을 억제하고

항상 절제하는 사람이 될지니라.

〈법구경의 말씀 104〉

　독일 불교 음악의 효시인 바그너는 오페라 〈승리자들(Die Sieger)〉을 쓸 때에 《법구경》의 이 대목을 생각하였다고 한다.

제10장 원심력과 구심력

竊爲坐禪,　乃安樂法門.
절위좌선　내안락법문

而人多致疾者,　盖不善用心故也.
이인다치질자　개불선용심고야

若善得此意則,　自然四大輕安,　精神　爽利
약선득차의즉　자연사대경안　정신　상리

正念　分明,　法味資神,　寂然淸樂.
정념　분명　법미자신　적연청락

若已有發明者,　可謂如龍得水,　似虎靠山.
약이유발명자　가위여룡득수　사호고산

若未有發明者,　亦乃因風吹火,　用力　不多.
약 미 유 발 명 자　　역 내 인 풍 취 화　　용 력　부 다

但辨肯心,　必不相賺.
단 판 긍 심　　필 불 상 잠

(내가 혼자 돌이켜) 생각컨대 좌선은 바로 안락 법문이니라.

그런데도 (좌선을 하는) 사람들이 병을 얻는 일이 많은 것은 대개가 용심을 잘 하지 못한 까닭이니라.

만약 이 뜻을 잘 안다면 자연히 사대(몸뚱이)가 가볍고 편안하며 정신이 상쾌하느니라.

정념이 분명한데서 (공부의 매력으로) 법미는 (정신의) 기가 상승세를 타도록 도와 고요한 (무위법의) 청락을 느끼느니라.

만약 발명자라면 가히 용이 물을 얻은 것과 같고 호랑이가 산을 의지한 것과 같느니라.

혹시 발명치 못한 자일지라도 바람에 불을 때듯 할 것이니, 힘이 많이 들지 않느니라.

(이 도리는) 다만, '아 그렇구나!' 하고 따라갈 뿐이니라. 어찌 속이겠는가.

강설

이 과정은 이미 십우도 제3의 견우(見牛, 소를 본 대목)를 넘은 것이다.

평소 건강한 제자들이 왜 참선의 좋은 가르침인 안락법문을 따르면서부터 아파 눕느냐, 이것이 문제이다.

이유는 간단한 데서 찾아볼 수 있다.

대단히 공부 방법이 그르친 데서 생긴 것이다.

첫째는, 가르치는 선지식에게 있다.

제대로 남을 가르칠 만한 자격이 없이 겨우 제 혼자 공부한 정도를 가지고 남을 가르치니 그럴 수밖에 없다.

둘째는, 공부 배우는 학자에게 있다.

말을 듣지 않고 제멋대로 무리하게 서두른 데에 있다. 먹을 때 먹고 잘 때 자면서 느긋하게, 그러나 게으름이 없어야 한다.

구심력과 원심력

구심력과 원심력은 회전할 때 생기는 힘이다.

구심력求心力은 바깥으로 향하는 힘이고 원심력遠心力은 안으로 향하는 힘이다.

구심력은 뉴턴의 힘의 제 2법칙이고, 원심력은 뉴톤의 힘의 제 1법칙인 관성(慣性, 계속 한 방향으로 가속하는 힘)의 법칙이다.

좌선에서 응용

가만히 앉아서 24시간 미동이 없이 지낼 수 있는 힘은 보통이 아니다. 그냥 참고 버틴다고 되는 일이 아니다.

자전거를 보자.

어린이용 세발자전거는 쉽게 생각해 낼 수 있다. 그러나 우리 머리로 두발자전거를 생각해 낼 수 있는가. 거의가 넘어진다고 판단한다. 어떻게 두발자전거가 가능한가.

구심력과 원심력을 타면 자전거는 잘 달리고 구심력과 원심력을 잃으면 곧 넘어진다.

공부도 이와 같이 구심력과 원심력을 타야 좌선 중 잘 앉아 있을 수 있다.

어떻게 구심력과 원심력을 타는가.

앞서 설명하듯이, 좋은 자세와 좋은 호흡과 좋은 마음가짐이다.

제11장 마장

然而道高魔盛, 逆順萬端.
연 이 도 고 마 성　　역 순 만 단

但能正念現前, 一切不能留礙.
단 능 정 념 현 전　　일 체 불 능 유 애

如楞嚴經, 天台止觀, 圭峰修證儀, 具明魔事,
여 능 엄 경　　천 태 지 관　　규 봉 수 증 의　　구 명 마 사

預備不虞者, 不可不知也.
예 비 불 우 자　　불 가 부 지 야

그러나 도가 높아갈수록 마구니도 성하나니 역경계 순경계가 만 가지니라.

다만 능히 정념이 (눈앞에) 현전하면 일체 장애가 되지 않느니라.

《능엄경》과 천태 지의 스님의 《마하지관》과 규봉 스님의 《수증의》 같은 데에는 미리 마구니 일에 대하여 밝혀 두었느니라.

예비하여 염려하는 사람은 불가불 알아 두어야 하느니라.

강설

《능엄경》에는 50변마장이 있어 오온에서 각각 10가지씩 번뇌 망상의 마구니가 공부를 방해하는데 이를 물리치는 내용이다.

《마하지관》에는 선병禪病의 치료 방법이 나와 있다.

《수증의》는 규봉 스님의 《원각경》 주석서이고 천태지관을 인용한 내용이다.

뜻밖에, 이 글을 쓴 장로 자각 스님이 천태 지의 스님의 지관법에서 힌트를 얻었다. 역시 행장에서도 지관법을 닦는 과정이 나타나 있다. 그럼, 지관법이 이 《좌선의》의 기초가 아닌가. 화두 이야기가 전혀 없는 점도 주목할 점이다.

제12장 선정의 힘

若欲出定, 徐徐動身, 安詳而起, 不得卒暴.
약욕출정 서서동신 안상이기 부득졸폭

出定之後, 一切時中, 常依方便, 護持定力,
출정지후 일체시중 상의방편 호지정력

如護嬰兒, 卽定力易成矣.
여호영아 즉정력이성의

夫禪定一門, 最爲急務, 若不安禪靜慮,
부선정일문 최위급무 약불안선정려

到遮裡 總須茫然.
도자리 총수망연

所以, 探珠 宜靜浪, 動水 取應難,
소이   탐주   의정랑   동수   취응난

定水澄淸, 心珠自現.
정수징청   심주자현

  만약 선정에서 깨어나려고 할 때는 몸을 천천히 움직여 안정되고 조심스럽게 일어날 것이지, 불쑥 일어서지 말지니라.
  선정에서 깨어난 뒤에도 (24시간 어느 때나) 항상 방편으로 선정의 힘을 보호해 지킬지니, 마치 갓난아기를 (조심스럽게) 보호하듯 하면 곧 선정력을 쉽게 이룰 것이니라.
  말하자면, 선정 일문이 가장 급한 일이니라.
  만약 안정된 자세와 고요한 마음가짐에 이르지 못하였다면 (생멸 현장의) 이르는 데마다 다 망망하리라.
  이런 까닭에, 구슬을 찾으려면 마땅히 물결이 고요해야 하며 물결이 출렁이면 찾아내기가 어렵느니라.
  선정의 물이 고요하고 맑으면 마음 구슬은 절로 나타나느니라.

강설

안정된 자세와 고요한 마음가짐이 얼마나 중요한가.
깨달은 선정일문禪定一門에서 나온다.

제13장 경전

故　圓覺經云,　無礙清淨慧,　皆依禪定生.
고　원각경운　　무애청정혜　　개의선정생

法華經云,　在於閒處,　修攝其心,　安住不動
법화경운　　재어한처　　수섭기심　　안주부동

如須彌.
여수미

그러므로 《원각경》에 이르셨느니라.
"걸림없는 청정한 지혜는 모두 다 선정에서 생기느니라."
《법화경》에 이르셨느니라.
"고요한 아란야에서 마음을 다스려 닦되, 부동한 자세로 안주하기를 수미산과 같이 할지니라."

송광사 수련장으로 쓰고 있는 침계루

제14장 생사 해탈

是知超凡越聖, 必假靜緣, 坐脫立亡, 須憑定力.
시지초범월성　필가정연　좌탈입망　수빙정력

一生取辦, 尚恐蹉跎, 況乃遷延, 將何敵業.
일생취판　상공차타　황내천연　장하적업

이로써 알지니라.

범부를 뛰어넘고 성인의 자리까지 초월하려면, 반드시 선정을 통해야 함을. 앉아서 해탈하고 선 채로 죽는 것은 반드시 선정력에 근거함을.

일생 동안 공부하더라도 오히려 시기를 놓칠까 두려운데 하물며 (하루하루 공부를) 미루고 무엇으로 업력을 대적하랴.

강설

무서운 말씀이다.

노는 사람은 할 일이 없으나, 공부를 시작하면 부족한 것이 많다는 점을 느끼기 시작하고, 그래서 공부를 하는 사람은 스스로 초라함을 알게 된다.

범부를 뛰어넘고 성인의 자리까지 초월한다는 것은 무슨 뜻인가.

범부 중생의 생각을 뛰어넘어 성인의 과를 얻은 성인은 그 자리에서도 성인의 과를 얻었다는 생각이 없다는 뜻이다.

제15장 마치는 말

故 古人云, 若無定力, 甘伏死門.
고 고인운　약무정력　감복사문

掩目空歸,　宛然流浪,
엄목공귀　완연유랑

幸諸禪友,　三復斯文,　自利利他,　同成正覺.
행제선우　삼복사문　자리이타　동성정각

그러므로 고덕이 이르셨느니라.

"만약 선정력이 없다면 죽음의 문턱에 맥없이 끌려가느니라."

한번 눈 감으면 헛되이 돌아가 그대로 (생사윤회의) 물결에 떠밀리게 되느니라.

끝으로, 제방에서 정진하는 선우 여러분,

이 글을 두세 번씩 반복해서 읽고 자리이타하여 동성정각하시길 바라나이다.

강설

자리이타는 나도 이롭고 남도 이롭다는 대승 보살의 정신이다.

동성정각은 모두가 한날한시에 성불한다는 뜻이다.

다음은 참고할 만한 내용이다.

여름수련회 좌선 시간

좌선의 坐禪儀

보충 후편

보충 제1장 선방 입중 5법 入衆五法

대중 처소處所에서 지켜야 할 다섯 가지 규칙

첫째, 하심下心

    자기 스스로는 마음을 낮춘다.

둘째, 자비심慈悲心

    다른 이에게는 자비심으로 대한다.

셋째, 공경심恭敬心

    상석上席에게는 경의를 표한다.

넷째, 지차제知次第

    대중생활에서는 자기 위치를 알아 순서를 지킨다.

다섯째, 불설여사不說餘事

    화두 공부 외에는 다른 세상사 말을 하지 않는다.

보충 제2장 우바리 존자 게송

守口攝意　身莫犯
수구섭의　신막범

如是行者　能得道
여시행자　능득도

입은 굳게 다물고 뜻은 거두며
몸으로는 허물을 짓지 않나니,
이러한 행자는 도를 잘 깨달을 것인저.

보충 제3장 아란야 수행 5과

수행에서는 원심력과 구심력을 타서 지혜롭게 옛사람이 간 길을 따라가면 좋다.

그렇지 않은 억지 공부는 피곤해서 몸에 병이 생기기 쉽다.

1, 2, 3, 4, 5를 살펴본다.

1. 진정眞正 견해

공부인이 참되고 바른 견해가 없다면 죽은 사람이며, 만약 진정 견해를 갖춘 범부 중생이라면 불조의 안목과 같다.

2. 부처님과 달마 대사의 가풍

6년을 묵언하신 석가모니 부처님과 9년을 좌선하신 달마 대사의 이 가풍은 큰 의심으로 크게 깨닫는다.

3. 삼귀의

무형無形의 부처님께 귀의하여 귀의불 양족존

무욕無慾의 가르침에 귀의하여 귀의법 이욕존

무쟁無諍의 대승가에 귀의하여 귀의승 중중존

4. 성훈 4조聖訓四條

첫째, 이웃에게 불손하고 부처님께 예배하거늘, 무슨 공경을 그렇게 하겠는고?

둘째, 내 마음과 천지가 다 알거늘, 무슨 꾸밈말을 그렇게 하겠는고?

셋째, 부지런하고 검소하면 복이 절로 모이거늘, 무슨 행복과 불행을 그렇게 말하겠는고?

넷째, 생사윤회를 끊는 반야 지혜에는 모양과 이름이 없거늘, 무슨 번다한 말을 그렇게 하겠는고?

5. 아란야 5계

첫째, 손에는 일을 줄일 것이며,

둘째, 몸에는 소유를 줄일 것이며,

셋째, 입에는 말을 줄일 것이며,

넷째, 대화에는 시비를 줄일 것이며,

다섯째, 위에는 밥을 줄일 것이니라.

보충 제4장 순치 황제 출가시 順治皇帝 出家詩

1

天下叢林　飯似山　　鉢盂到處　任君餐
천하총림　반사산　　발우도처　임군찬

黃金白璧　非爲貴　　惟有袈裟　被最難
황금백벽　비위귀　　유유가사　피최난

　　천하 총림叢林 공양은 산만큼 쌓여
　　곳곳마다 발우로 내줄 줄이야!
　　황금 백옥 이것이 귀하지 않네
　　가사를 얻어 입기가 무엇보다 어렵네.

2

朕乃大地　山河主　　憂國憂民　事轉煩
짐내대지　산하주　　우국우민　사전번

百年三萬　六千日　　不及僧家　半日閒
백년삼만　육천일　　불급승가　반일한

　　짐은 산하 대지의 주인공이나
　　국사 걱정 때문에 번거로움뿐!
　　길어 봐야 백년 삼만육천 일
　　그래도 한가한 절집 반나절에 비할까.

3

悔恨當初　一念差　　黃袍換却　紫袈裟
회한당초　일념차　　황포환각　자가사

我本西方　一衲子　　緣何流落　帝王家
아본서방　일납자　　연하류락　제왕가

　　애당초의 한 생각 후회스럽네
　　가사 대신 곤룡포袞龍袍 바꿔입다니!
　　나는 전생 인도의 납자였는데
　　무엇을 연연하여서 제왕가帝王家에 났는가.

4

未生之前　誰是我　　我生之後　我是誰
미생지전　수시아　　아생지후　아시수

長大成人　纔是我　　合眼朦朧　又是誰
장대성인　재시아　　합안몽롱　우시수

　　나기 전의 이 몸은 누구였을까
　　태어난 뒤 이 몸은 누구이런가
　　잠깐 사이 자라서 나라 했더니
　　눈 한번 감은 뒤에는 내가 또한 뉘런가.

5
百年世事　三更夢　　萬里江山　一局碁
백년세사　삼경몽　　만리강산　일국기

禹疏九州　湯伐桀　　秦呑六國　漢登基
우소구주　탕벌걸　　진탄육국　한등기

　백년 사는 세상사 한밤중 꿈속
　만리 강산 다퉈도 한판의 바둑
　대우씨 구주九州를 긋고 탕임금은 걸桀 치며
　진시황 육국 삼키어 새 터 닦는 한 태조漢太祖.

6
兒孫自有　兒孫福　　不爲兒孫　作馬牛
아손자유　아손복　　불위아손　작마우

古來多少　英雄漢　　南北東西　臥土泥
고래다소　영웅한　　남북동서　와토니

　자손들은 제 몫의 복이 있으니
　자손들을 위해서 소 말이 되랴?
　옛날부터 영웅의 자취들 보게
　슬프다, 동서남북에 흙덩이로 누웠네.

7

來時歡喜　去時悲　　空在人間　走一回
내시환희　거시비　　공재인간　주일회

不如不來　亦不去　　也無歡喜　也無悲
불여불래　역불거　　야무환희　야무비

　　올 적에는 기쁘고 간다니 섧네
　　인간세상 헛되이 한 바퀴 도나?
　　애초부터 안 오면 갈 일도 없고
　　기쁨이 없어졌으니 슬픔인들 있으랴?

8

每日淸閑　自己知　　紅塵世界　苦相離
매일청한　자기지　　홍진세계　고상리

口中吃的　淸和味　　身上願被　白衲衣
구중흘적　청화미　　신상원피　백납의

　　무위법의 열반락 저절로 아네
　　풍진 세상 고통이 떠난 그 자리
　　먹는 것은 청량한 선열미禪悅味러니
　　옷으로 바라는 바는 솜 누더기 한 벌뿐.

9

四海五湖　爲上客　　逍遙佛殿　任君棲
사 해 오 호　위 상 객　　소 요 불 전　임 군 서

莫道出家　容易得　　昔年累代　重根基
막 도 출 가　용 이 득　　석 년 루 대　중 근 기

오호五湖 사해四海 길손객 우주 나그네
불전 승당 수시로 오고감이여!
출가하기 쉽다는 그런 말 마소
숙세宿世 선근善根 없이는 하기 어렵네.

10

十八年來　不自由　　山河大戰　幾時休
십 팔 년 래　부 자 유　　산 하 대 전　기 시 휴

我今撤手　歸山去　　那管千愁　與萬愁
아 금 철 수　귀 산 거　　나 관 천 수　여 만 수

지난 세월 18년 부자유했네
전투 중에 몇 차례 쉬어 보았는가
산승 이제 손 털고 입산하거니
천만 가지 근심이 감히 어쩌랴?

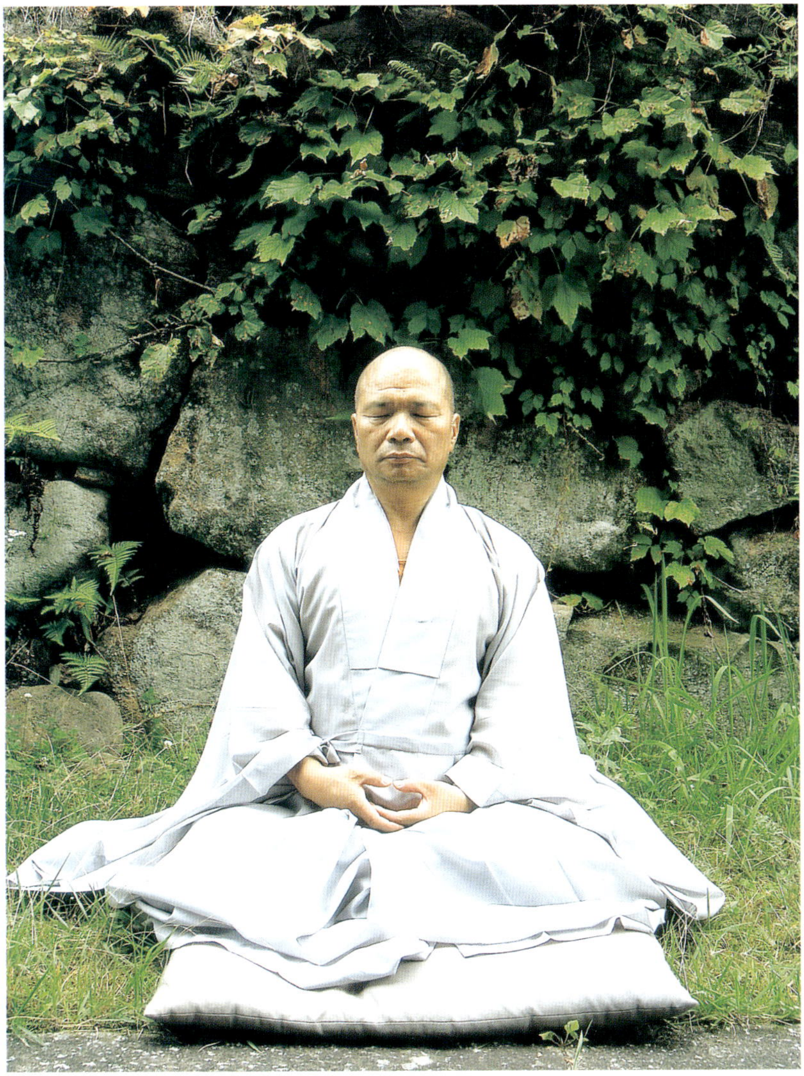

| 참고 |

청나라의 제2대 황제 태종이 타계한 해는 1643년이다.

이때 후계자는 6살 난 어린 아들인데 그가 바로 제3대 세조世祖인 순치順治 황제가 되었다.

1644년에는 청나라가 중국의 주인이 되었다. 7살 난 순치 황제는 북경에 입성하여 자금성에서 다시 즉위식을 올렸다.

이때의 즉위 선언문은 만주어, 한어漢語, 몽골어의 세 가지 언어로 되어 있다. 그 이유는 청나라 황제가 세 민족을 통합하는 대황제인 까닭이다.

또한 불교를 좋아하여 불교경전 읽기를 좋아하고 덕망 높은 스님을 초대하여 법문을 청하곤 하였다.

한번은 이런 일이 있었다.

선황제 태종의 황후인 순치 황제의 어머니(몽골인)가 숙부 예친왕과 결혼을 한 것이다. 즉 형수와 시동생이, 그것도 황태후와 섭정왕이 재혼을 한 것이다. 이는 몽골이나 만주에서는 그리 대수롭지 않은 일이었으나 중국 사상에 물든 순치 황제로서는 여간 충격적인 일이 아닐 수 없었다.

그가 성장하기까지는 이름뿐인 황제였다. 실권은 숙부인 예친왕이 쥐고 있었다.

그 후 제위 18년 동안 중국 천하를 다스리다가 사랑하는 동귀비董貴妃가 죽자 옥좌를 버리고 출가하였다.

걸어서 산서성 오대산五臺山으로 들어가 일생 동안 수도 정진하였다. 이때 지은 280자 글이 잘 알려진 순치 황제 출가시이다.

역사 기록에는 출가한 해부터 순치 황제의 자취가 없고 24살의 나이로 세상을 떠났다고 한다.

역사의 이야기 하나.

순치 황제의 후궁 중에 동귀비董貴妃가 있었다. 그녀는 만주 귀족 가문의 출신, 혹은 한인이라고도 한다.

순치 황제는 동귀비를 사랑하여 그녀가 곁에 없으면 밥도 잘 먹지 않았다. 동귀비가 죽었을 때 황제는 사후나마 그녀를 황후로 봉하려 하기도 하였다.

또 다른 전생 이야기.

황제는 전생에 인도 수도승이었다고 한다. 백성들이 임금의 폭정에 시달리자, 그는 선정禪定 중에 이런 생각을 하였다.

'내가 왕이 된다면 왕도 정치를 해야지.'

이렇게 찰나에 한 생각을 일으킨 데서 중국에 태어나 제왕이 되었다.

그러나 그는 이 세상에서 부러울 것이 없는 황제 자리를 버리고 출가를 하였다.

지금도 출가한 유적지로는 아담한 삼칸 토굴 선재동善財洞 암자가 남아 있다.

보충좌선의

2008년 3월 1일 초판 인쇄
2008년 3월 6일 초판 발행

| 지은이 | 지묵 스님
| 펴낸이 | 김 동 금
| 펴낸곳 | 우리출판사
| 편 집 | 전정현
| 교 정 | 청련화, 자비행
| 사 진 | 무량, 자비행

| 등 록 | 제9-139호
| 주 소 | 서울시 서대문구 충정로3가 1-38호
| 전 화 | (02) 313-5047 · 5056
| 팩 스 | (02) 393-9696
| 이메일 | woribook@chol.com

ⓒ지묵 2008, Printed in Korea

ISBN 978-89-7561-262-6 03220

정 가 8,000원

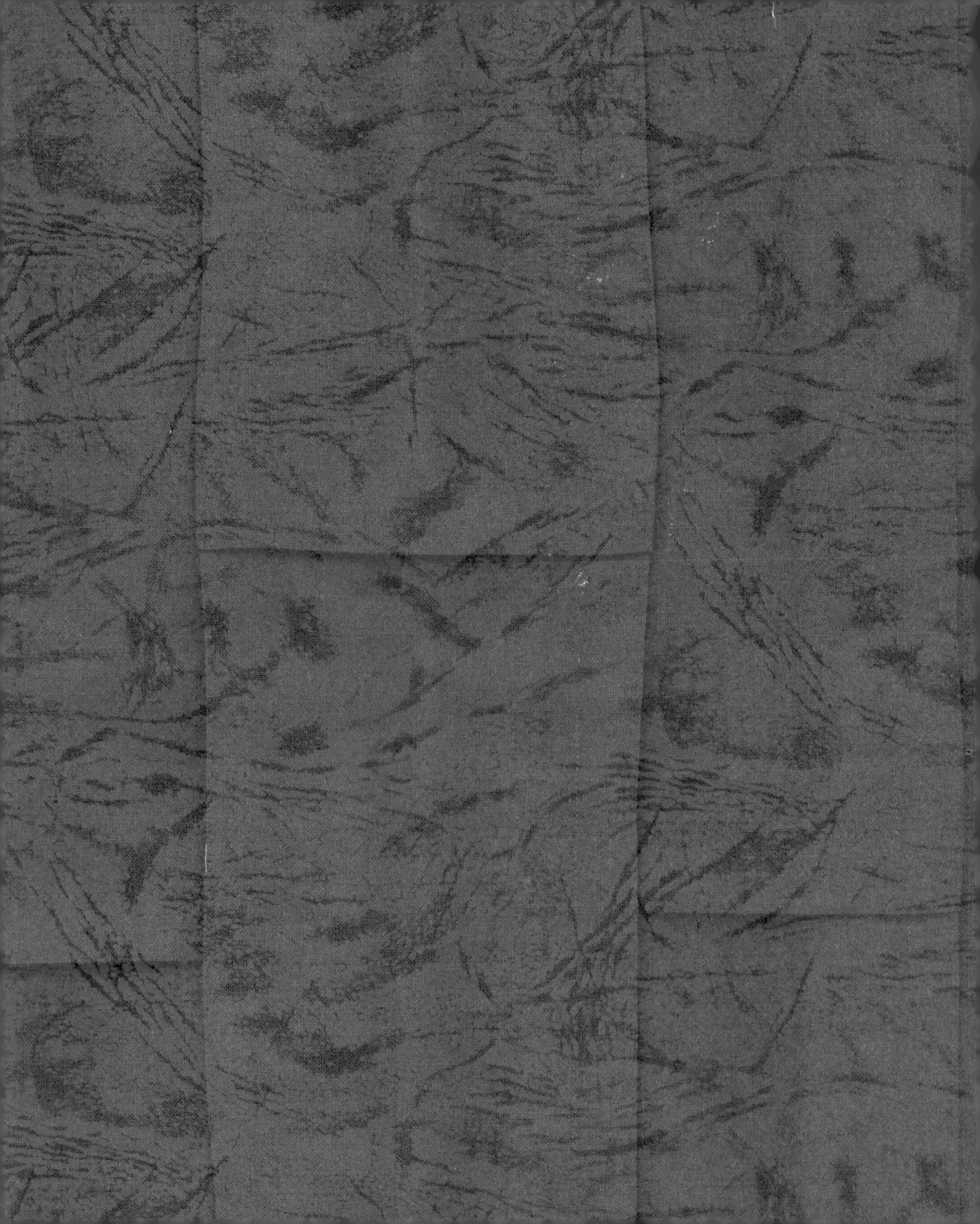